BEI GRIN MACHT SICH IHR WISSEN BEZAHLT

- Wir veröffentlichen Ihre Hausarbeit, Bachelor- und Masterarbeit

- Ihr eigenes eBook und Buch - weltweit in allen wichtigen Shops

- Verdienen Sie an jedem Verkauf

Jetzt bei www.GRIN.com hochladen und kostenlos publizieren

Tobias Meints

Der Wandel des öffentlichen Raumes

Öffentlichkeit und Privatheit - Stadtsoziologische Ansätze im Vergleich

GRIN Verlag

Bibliografische Information der Deutschen Nationalbibliothek:

Die Deutsche Bibliothek verzeichnet diese Publikation in der Deutschen National-
bibliografie; detaillierte bibliografische Daten sind im Internet über http://dnb.d-
nb.de/ abrufbar.

Impressum:

Copyright © 2008 GRIN Verlag GmbH
Druck und Bindung: Books on Demand GmbH, Norderstedt Germany
ISBN: 978-3-640-13633-9

Dieses Buch bei GRIN:

http://www.grin.com/de/e-book/113204/der-wandel-des-oeffentlichen-raumes

GRIN - Your knowledge has value

Der GRIN Verlag publiziert seit 1998 wissenschaftliche Arbeiten von Studenten, Hochschullehrern und anderen Akademikern als eBook und gedrucktes Buch. Die Verlagswebsite www.grin.com ist die ideale Plattform zur Veröffentlichung von Hausarbeiten, Abschlussarbeiten, wissenschaftlichen Aufsätzen, Dissertationen und Fachbüchern.

Besuchen Sie uns im Internet:

http://www.grin.com/

http://www.facebook.com/grincom

http://www.twitter.com/grin_com

Carl von Ossietzky
Universität Oldenburg

Studiengang Diplom-Sozialwissenschaften

Referatsausarbeitung

Themenstellung:

Der Wandel des öffentlichen Raumes

Öffentlichkeit und Privatheit – Stadtsoziologische Ansätze im Vergleich

vorgelegt von: Tobias Meints

Abgabedatum: 10. Juli 2008

Inhaltsverzeichnis

1. Problemexposition

Diese Ausarbeitung beschäftigt sich mit der Fragestellung, in wie weit der öffentliche Raum in der europäischen Stadt einem Wandel unterliegt, und wie sich dieser Wandel in den urbanen Räumen manifestiert.

Hans Paul Bahrdt bezeichnet die Stadt als ...

> *„[...] eine Ansiedlung, in der das gesamte, also auch das alltägliche Leben die Tendenz zeigt sich zu polarisieren, d.h. entweder im sozialen Aggregatzustand der Öffentlichkeit oder in dem der Privatheit zu finden ist."*
> (Vgl. Bahrdt, 1961, S. 83f.)

Im Folgenden soll kritisch hinterfragt werden, ob diese Polarität, von der Bahrdt spricht und die er als notwendiges Basiselement der Stadt bezeichnet, in dieser Form noch feststellbar ist, oder welche Faktoren einen möglichen Wandel bedingen.
Im Zuge dessen sollen die Überlegungen dreier bekannter Stadtsoziologen zum städtischen Wandel von Öffentlichkeit und Privatheit einander gegenübergestellt und vergleichend betrachtet werden.

Im Anschluss an die Problemexposition werden die fünf Dimensionen von Öffentlichkeit und Privatheit dargestellt und dadurch die Theorie Bahrdts weiter ausdifferenziert. Die Überlegungen Walter Siebels, zur Verschiebung der *Polaritäten* schließen an diese Ausführungen an und werden mit Klaus Selles Vorstellungen von öffentlich *nutzbaren Räumen* verglichen. Ulfert Herlyns Ansatz vom *Wandel der städtischen Öffentlichkeit* wird ebenfalls betrachtet, jedoch lediglich auszugsweise und in Form eines Exkurses.
Im Fazit werden die Erkenntnisse zusammengefasst und kritisch hinterfragt.

2. Die Polarität des öffentlichen Raumes

Die Polarität des öffentlichen Raumes ist eine zentrale These des Soziologen Hans Paul Bahrdt. Wie bereits aus dem Zitat in der Problemexposition dieser Ausarbeitung ersichtlich, definiert sich die europäische Stadt durch ein gewisses Spannungsverhältnis von Privatheit und Öffentlichkeit. Je stärker die Polarität ausgeprägt ist, desto urbaner ist der Charakter der Ansiedlung. Nach Bahrdt ist neben einer unvollständigen Integration auch Kommunikation und Arrangements trotz Distanznormen durch stilisiertes Verhalten, Voraussetzung für Öffentlichkeit. (Häussermann/Siebel, 2004, S. 55ff.)

In der Stadt besteht demnach für jedes Individuum die Möglichkeit eine gewisse Anonymität zu wahren. Im Zuge jeder neuen Kontaktaufnahme kann die Person selbstständig entscheiden, welche Aspekte ihrer Persönlichkeit sie preisgibt und welche sie ihrem Gegenüber verheimlicht. Auf diese Weise kann die eigene Identität stetig neu definiert werden. (ebd., S. 57)

Bahrdts Definition der Stadt ist nicht universell auf jede Stadt übertragbar, sondern lediglich auf die bürgerliche, europäische Stadt. Die Dialektik zwischen privatem und öffentlichem Leben ist eines ihrer bedeutendsten Charakteristika. Ist keine bürgerliche Gesellschaft gegeben, existiert auch kein öffentlicher Raum. (Siebel, 2007, S. 79)

> *„Die öffentliche Sphäre marktförmig organisierter Ökonomie und demo-*
> *kratisch verfasster Politik und als ihr Gegenüber die private Sphäre fami-*
> *liärer Intimität und selbständiger Warenproduktion sind die Geburts-*
> *merkmale des Idealtypus der bürgerlichen Gesellschaft wie der europäi-*
> *schen Stadt.“* (Vgl. ebd., S. 79)

Das polare Verhältnis von öffentlichen zu privaten Räumen lässt sich in fünf Dimensionen der Unterscheidung ausdrücken: Neben der funktionalen existieren noch die juristische, soziale, symbolische und normative Dimension. (ebd., S. 80f.)

Die Assoziation des öffentlichen Raumes mit den Merkmalen *Markt und Politik*, sowie die Verknüpfung des privaten Raumes mit *Produktion und Reproduktion* bedingt die funktionale Dimension. Eine strikte Trennung zwischen *privatem und öffentlichem Recht* ist Basis für die Polarität der juristischen Dimension. Die soziale Dimension betrifft den Umgang der Menschen im öffentlichen Raum miteinander. Öffentlichkeit ist demnach als eine Bühne *hochstilisierter Selbstdarstellung* zu sehen, auf der sich Menschen als Fremde begegnen (Häussermann/Siebel, 2004, S. 35f.). Symbolische bzw. materielle Unterscheidungsmerkmale zwischen Öffentlichkeit und Privatheit liegen in der Signalisierung von *Zugänglichkeit oder aber Exklusivität* durch verschiedene städtebauliche Merkmale. (Siebel/Wehrheim, 2003, S. 4)

Die fünfte Dimension die Siebel benennt, ist die der normativen Unterscheidung. Öffentlicher Raum drückt demnach die Hoffnung auf ökonomische, politische und soziale Integration ohne Negation der Differenz aus. Der private Raum befriedigt den *Wunsch nach entfalteter Subjektivität im Kontext familiärer Intimität und ökonomischer Autonomie.* (Siebel, 2007, S. 81)

Strittig ist, ob es sich bei der normativen Unterscheidung um eine eigenständige Dimension handelt. Aus diesem Grund wird sie im folgenden Abschnitt, in dem die Polaritätsverschiebungen analysiert werden, nicht betrachtet.

Die Verschränkung dieser fünf Dimensionen bedingt die Entstehung einer qualitativen Differenz zwischen öffentlichen und privaten Räumen. Vermehrte Verschiebungen zwischen den jeweiligen Polaritäten beeinträchtigen das dualistische Verhältnis und verwischen die Grenzen zwischen öffentlich und privat. (Siebel, 2006, 67ff.)

3. Walter Siebel - Polaritätsverschiebungen

Was mit eben dieser Aussage gemeint ist, und wie sich diese Verschiebungen ausdrücken wird im Folgenden dargestellt.

Der Oldenburger Universitätsprofessor Dr. Walter Siebel hat sich mit den Verschiebungen der Bahrdtschen Polaritäten beschäftigt und ist zu dem Schluss gekommen, dass die funktionale Dimension, die dem öffentlichen Raum die Merkmale Markt und Politik sowie dem privaten Raumes die Merkmale Produktion und Reproduktion zuweist, einer Polaritätsverschiebung dahingehend unterliegt, dass die Politik sich aus den Straßen und Plätzen in Parteien, Verbände und Medien zurückgezogen hat. Ein weiterer Punkt, der auf einen Wandel der Polaritäten hinweist, ist die Einhausung der Marktfunktion seit 1900, die in den modernen Shopping Malls ihren vorläufigen Höhepunkt findet. (Siebel, 2007, S. 81f.)

Die juristische Dimension ist geprägt durch die Überschneidung von öffentlichem Recht und Privatrecht. Zusammenarbeit zwischen privaten Akteuren und dem Staat lassen juristische Zwischenzonen entstehen, so dass eine strikte Trennung im juristischen Sinn kaum mehr vorliegt. (ebd., S. 83)

Die soziale Dimension unterliegt ebenfalls einer Polaritätsverschiebung. Dies geschieht dadurch, dass private Verhaltensweisen in die Öffentlichkeit getragen werden. Sei es das Telefonieren mit dem Mobiltelefon, leichtbekleidetes Auftreten auf öffentlichen Plätzen oder die Ausübung von Sport in der Öffentlichkeit. An dieser Dimension lässt sich gut verdeutlichen, dass es sich bei dem Wandel zwischen Öffentlichkeit und Privatheit um einen kontinuierlich fortlaufenden Prozess handelt, der sich im Kontext des gesellschaftlichen Wandels vollzieht. Gilt eine Frau, die alleine auf einem öffentlichen Platz steht im 19. Jahrhundert nicht selten als „leichtes Mädchen" und wurde mit Prostitution in Verbindung gebracht, ist eine derartige Vorstellung in der heutigen Zeit undenkbar. (ebd., S. 82)

Auch in der vierten, der symbolischen Dimension, lassen sich Verschiebungen der Polarität feststellen. Öffentliche und private Räume lassen sich nicht mehr jederzeit und überall durch städtebauliche Symbole der Exklusivität und Zugänglichkeit unterscheiden. Die Gestaltung des öffentlichen Raumes richtet sich nach der Überwachbarkeit und einem verstärkten Sicherheitsdenken. So werden Plätze so geplant, dass sie mit möglichst geringem Aufwand flächendeckend überwacht werden können und den Benutzern eine größtmögliche Sicherheit geboten werden kann. Diese Art der Planung prägt das Stadtbild ungemein, da große, übersichtliche Plätze geschaffen werden, die nur noch in den seltensten Fällen über Nischen und Rückzugsmöglichkeiten verfügen, weil dies dem Aspekt der Überwachbarkeit entgegen wirken würde. (ebd., S.83f.)

> *„Einhausung, juristische Privatisierung, Auflösung der Codes urbanen Verhaltens, Überwachung und exklusive Gestaltung – es gibt viele empirische Belege für die These von der Privatisierung des öffentlichen Raums, und diese Veränderungen werden zu Recht als Bedrohung der Öffentlichkeit städtischer Räume kritisiert."* (Vgl. ebd., S. 83)

Die Polaritätsverschiebungen sind – gemäß dieser Kritik – nicht konsequent als negativ zu erachten, da Gegendtendenzen hier keine Berücksichtigung finden. So ist z.B. Sicherheit ein Grundpfeiler der städtischen Gesellschaft und ihre Umsetzung hat damit Priorität. Es stellt sich jedoch die Frage, wie weit diese Wandlungsprozesse gehen dürfen, bis sich das Stadtbild in einem Maß verändert, dass Sicherheitsorgane gegebenenfalls in die Privatsphäre der Bürger eindringen (können).

Fest steht, dass es sich bei den Polaritätsverschiebungen um Reaktionen auf einen gesellschaftlichen Wandel handelt. Die städtische Gesellschaft entwickelt sich weiter und dies zieht auch einen Wandel von Öffentlichkeit und Privatheit nach sich.

4. Klaus Selle – Kritik am öffentlichen Raum

Der Aachener Universitätsprofessor Dr. Klaus Selle übt Kritik an dem *Schwarz-Weiß-Denken* in Bezug auf Öffentlichkeit und Privatheit. Dieses kategorische Denken ist seiner Ansicht nach nicht mehr zeitgemäß, da es stets zur Überlagerung von öffentlichen mit privaten Sphären gekommen ist. (Selle, 2007, S. 96f.)

Öffentlicher Raum hat sich in den letzten Jahren nicht drastisch verringert, so wie dies häufig kritisch angemerkt wird, vielmehr hat sich die Gruppe der Ausgeschlossenen verändert. Im Zuge dessen stellt Selle den existenziellen Charakter eines öffentlichen Raumes in Frage.

Einen öffentlichen, für alle Personen gleichermaßen zugänglichen Raum habe es nie gegeben. Sind es heute Drogenabhängige und ausländische Jugendliche, denen der Zugang zu bestimmten öffentlichen Räumen beschränkt bzw. verwehrt wird, waren es vor einigen Dekaden noch die Juden, die im öffentlichen Stadtbild unerwünscht waren. Vor weniger als einem Jahrhundert gehörten auch Frauen zu dieser sozialen Schicht, der der öffentliche Raum nur mit Einschränkungen zur Verfügung stand. Unter dem Kodex *Kinder, Küche, Kirche* galt das Verhalten einer Frau, die sich allein in der Öffentlichkeit aufhält und an öffentlichen Plätzen verweilte, als nicht normenkonform. (ebd. S. 97ff.)

Wenn der öffentliche Raum in seiner Idealform nie existiert hat, wie sind dann die Räume zu klassifizieren, die wir heute als öffentlich bezeichnen. Selle spricht in diesem Zusammenhang von öffentlich nutzbaren Räumen. (ebd. S. 98)

4.1 Öffentlich nutzbare Räume oder hybride Räume

Ein stetiger Transformationsprozess verwandelt öffentlichen Raum, sofern dieser je existent war in öffentlich nutzbaren Raum. Für Selle bedeutet diese Überlegung den Ausbruch aus dem *Schwarz-Weiß-Denkens*. (Selle, 2006, S. 19)

Der öffentliche Raum wird *teilprivatisiert,* in dem private Geldgeber die Sanierung übernehmen und damit erweiterte Nutzungsrechte erwerben. Dieser Prozess ist nicht konsequent negativ zu beurteilen. Vielmehr dient er zur Entlastung der öffentlichen Kassen. Diese teilprivatisierten oder semi-öffentlichen Räume bezeichnet Selle als Hybride. (ebd., S. 20f.)

Unter hybriden Räumen versteht Selle die Räume, die in Kooperation öffentlicher Stellen mit privaten Akteuren und Finanziers geschaffen werden, oder aber öffentliche Orte, die zeitweilig einer anderen Funktion zugeführt werden. Ein gängiges Beispiel wäre ein Straßen- oder Volksfest. Ein bekanntes Exempel aus der näheren Vergangenheit sind die so genannten *Public Viewings* der Fußball Weltmeisterschaft 2006 bzw. der Europameisterschaft 2008. In diesem Fall wird eine öffentliche Straße (Bsp. *Straße des 17. Juni* in Berlin) für den Verkehr gesperrt und zu einer Freilichtveranstaltung transformiert. Auf einem rechtlich öffentlichen Platz findet eine Veranstaltung statt, die von privaten Akteuren geprägt und mitfinanziert wird. Sicherheitsaspekte übernehmen öffentliche Sicherheitskräfte in Form der Polizei in Zusammenarbeit mit privaten Sicherheitskräften der ansässigen privaten Akteure. (Selle, 2007, S. 99ff.)

Dies ist ein gelungenes Beispiel für die Überschneidung von Handlungsbereichen in denen es zu einer teils drastischen Überschneidung von Zuständigkeiten und Verantwortungen kommt. Hierbei handelt es sich um kein neues Phänomen. Giambattista Nolli, italienischer Architekt (1701-1756), bekannt geworden durch seine Tätigkeit als Kartograph, erstellte eine äußerst detaillierte Karte von Rom, in der sämtliche Plätze, die nicht direkt in den Bereich der Privatheit fielen, also dementsprechend auch Hinterhöfe, Gassen, etc., weiß gekennzeichnet waren. (Selle, 2007a, S. 7) Diese Darstellung entspricht Selles Überlegungen zu öffentlich nutzbaren Räumen und animierte den Aachener Stadtsoziologen dazu, in Zusammenarbeit mit dem Lehrstuhl, den so genannten *Aachener Schnitt* zu entwerfen. Im Zuge dieser Ausarbeitung wurde in einem willkürlich gewählten Quadrat, welches die Aachener Innenstadt einschließt, eine Beobachtungsreihe durchgeführt und anschließend eine Klassifizierung nach öffentlich nutzbaren Räumen. (Selle, 2007b, S. 10ff.)

4.2 Gegenargument zum Verfall des öffentlichen Raums

Die aktuelle und vieldiskutierte These vom Verfall des öffentlichen Raums durch das Eindringen privater Faktoren wird von Selle kritisch betrachtet. Für ihn ist ein Verfall nicht feststellbar, stattdessen vielmehr eine Veränderung, die durch permanenten gesellschaftlichen Wandel bedingt ist. Eine Transformation der öffentlichen Sphäre ergibt sich durch Anpassungsreaktionen auf neue gesellschaftliche Anforderungen. Hierzu zählen neben dem Konsum auch der Wunsch nach Erholungs- und Sportaktivitäten im urbanen Raum. Diese ständige Um- und Neudefinition der städtischen Öffentlichkeit kann *als ein permanenter Funktionswandel bezeichnet werden.* (Selle, 2004, S. 144f.)

Gemäß diesen Überlegungen wäre der Wandel, der sich im Moment vollzieht, lediglich eine Etappe in einem stetigen Transformationsprozess.

Um einen Zusammenhang zwischen den Thesen Siebels und Selles herzustellen, sollen im Folgenden die Unterscheidungsmerkmale von öffentlichen und privaten Räumen nach Selle aufgezeigt werden und parallel dazu zu den Unterscheidungs-kriterien Siebels in Zusammenhang gesetzt werden.

4.3 Unterscheidung von öffentlichen und privaten Räumen im Vergleich zu Siebel

Selle verwendet ähnlich wie Siebel vier Dimensionen zur Unterscheidung von öffentlichen und privaten Räumen. Die Aufschlüsselung in die Dimensionen Pro-duktion, Eigentum, Regulierung / Nutzung sowie Sozialcharakter und Nutzbarkeit ermöglicht eine sehr genaue Unterscheidung zwischen öffentlichen, semi-öffentlichen und privaten Räumen.

Die Produktion eines Raumes meint seine Herstellung und seine Finanzierung. Zusätzlich ist die Zuständigkeit für die Gestaltung ein wichtiger Gesichtspunkt. Demnach ist unter der Produktion ist nicht nur die Herstellung eines Raumes zu verstehen, sondern auch seine Weiterentwicklung. (Selle, 2002, S. 37f.)

Das Eigentümerverhältnis schließt nah an die Produktion an. Hier wird differen-ziert in Besitzverhältnisse. Wer ist der Eigentümer, und wer entscheidet über die Nutzung und Ausgestaltung. Diese Funktion ist mit Siebels juristischer Dimensi-on der Polarität zu vergleichen. Wohingegen die Funktion der Produktion bei Selle der funktionalen Dimension bei Siebel entspricht.

Selles Funktion der Regulierung und der daraus resultierenden Nutzung von Räumen zieht Fragestellungen nach der Schaffung und Schließung von Zugängen nach sich. Daraus ergibt sich auch die Frage, nach der Selektion der potentiellen Nutzer, und wie stark diese – sofern sie vorhanden ist – ausgeprägt ist. Der Si-cherheitsaspekt, der einerseits eine unbedingte Voraussetzung für die Schaffung einer städtischen Öffentlichkeit ist, anderseits in zu ausgeprägter Form eben diese Öffentlichkeit schädigt, spielt in diese Funktion des Raumes hinein. Es ist im Zuge dessen zu hinterfragen, wer für die Sicherheit zuständig ist, ob es eine Kooperation zwischen staatlichen Stellen und privaten Sicherheitsdiensten gibt und wer letztendlich welche Kompetenzen vertritt. (Selle, 2002, S. 38)

An die Funktion der Regulierung schließt sich Selles vierte Unterscheidungsdimension direkt an. Unter dem Sozialcharakter und der Nutzbarkeit ist die Wahrnehmung des Raumes und seiner Funktion bei der Bevölkerung zu verstehen. (ebd. 38ff.) Diese Funktion entspricht Siebels symbolischer Dimension. Durch städtebauliche und architektonische Elemente wird entweder Zugänglichkeit oder Exklusivität suggeriert. Auch das Vorhandensein von Personen, die ggf. Zugänge überwachen, beeinflusst die Wahrnehmung des Raumes. So ist es verständlich, dass sich Personen in der Fußgängerzone anders verhalten als in einem Bankfoyer oder einer Hotellobby. (ebd. S. 39)

An diesem Punkt sind Parallelen zu Siebels sozialer Dimension zu ziehen. Bedingt durch die Wahrnehmung, passt sich das Individuum an und verändert ggf. seine Verhaltensmuster. Darunter ist ein gewisser Kleidungskodex zu verstehen oder das Einhalten von Tischmanieren, auch wenn diese im privaten Bereich eventuell nur eingeschränkt ausgelebt und praktiziert werden. (Siebel/Wehrheim, 2003, S. 4)

Festzuhalten ist, dass sich die Dimensionen Siebels und Selles teilweise überschneiden. Selle setzt bei seiner Differenzierung stärker auf die Eigentumsverhältnisse und den juristischen Aspekt, während Siebel neben der symbolischen, der sozialen auch die normative Dimension der Polarität von Öffentlichkeit und Privatheit betrachtet.

Als Zwischenfazit kann festgehalten werden, dass sich Siebel stärker an Bahrdts Theorie orientiert, während Selle seine Funktionen danach gewählt hat, ein Instrument zur Differenzierung zwischen öffentlichen, privaten und hybriden – sprich semi-öffentlichen Räumen – zu schaffen.

5. Ulfert Herlyn – Wandel der städtischen Öffentlichkeit

Die dritte stadtsoziologische Lehrmeinung, die hier abschließend und lediglich in Form eines Exkurses, betrachtet werden soll, ist die des Hannoveraner Professoren Dr. Ulfert Herlyn.

Ähnlich wie Selle und Siebel sieht Herlyn städtische Öffentlichkeit weniger als Konstante an, sondern vielmehr als einen Prozess des stetigen Wandel im gesellschaftlichen Kontext. Herlyn beschäftigt sich mit dem Bedeutungswandel der öffentlichen Sphäre und weist diesem Prozess fünf einflussnehmende Faktoren zu. (Herlyn, 2004, S. 124)

Durch zunehmenden Individualverkehr, der bedingt ist durch die notwendig gewordene Arbeitsmobilität, wird stetig öffentlicher Raum seiner eigentlichen Funktion beraubt und dem Verkehr zugänglich gemacht, sei es in Form von Straßen oder Parkflächen – ebenerdig oder in Form von Parkhäusern. Der Ausbau von Straßen gehört zum modernen Stadtbild und ein ausgeprägter Individualverkehr ebenfalls. Beste Beispiele hierfür sind die Pariser *Champs-Élysees* oder der römische *Platz der Republik*. (ebd., S. 124)

Der zweite Faktor, an dem Herlyn den Wandel der städtischen Öffentlichkeit festmacht, ist die zunehmende Privatisierung, die in vielen Facetten das Stadtbild prägt. Angefangen bei öffentlichen Räumen, wie städtischen Fußgängerzonen, die in gewisser Weise teilprivatisiert werden, durch Werbetafeln, Sitzmöglichkeiten und Warenauslagen, die durch private Akteure – in diesem Fall den ansässigen Geschäftsleuten, – aufgestellt werden, bis hin zu in sich geschlossenen Wohnanlagen, die nur den Anwohnern zugänglich sind, den so genannten *Gated Communities*. Hierbei handelt es sich um räumlich eingegrenzte Wohnbezirke, die vor allen in den USA und Kanada zum Stadtbild gehören und ein Maximum an Sicherheit und Überwachung bieten (sollen). Meist verfügen diese Wohngegenden über eigene Einkaufsmöglichkeiten sowie Zugangsbeschränkungen und Sicherheitspersonal, was sie in gewisser Weise von der Stadt autark werden lassen. Dem Wunsch nach Sicherheit folgend, entstehen mittlerweile auch in Europa zahlreiche Gated Communities. (ebd., S. 125)

Mediatisierung ist für Herlyn ein weiterer Faktor des Wandels. Mobiltelefone prägen das Stadtbild. Überall wo private Telefonate geführt werden, nehmen andere Personen zwangsläufig an der Privatsphäre des Telefonierenden teil. Eine andere Sichtweise auf den Faktor Mediatisierung bieten Openair Veranstaltungen im Stadtraum. Konzerte und Freiluftkinos bedeuten eine erlebbare Auseinandersetzung mit bestimmten Themen innerhalb des öffentlichen Stadtraumes. (ebd., S. 126)

Auch der eigentliche Wandel der Stadtstruktur beeinflusst die öffentlichen Räume nachhaltig. Segregation in jeder Form – sei es ethnische oder soziale – bedingen eine Veränderung in Bezug auf die städtische Öffentlichkeit. Es entstehen in peripheren Wohngebieten neue Zentren, die in Konkurrenz zum eigentlichen Stadtzentrum stehen und neue Möglichkeiten des Konsums eröffnen. Dies würde für die Stadt Bremen bedeuten, dass die Trabantenstadt Tenever im Stadtteil Osterholz zu einer solchen peripheren Wohngegend zu zählen ist, die zudem mit sozialer Stigmatisierung zu kämpfen hat. Ein Beispiel für ein neues Zentrum, welches sich durch Einkaufsmöglichkeiten, aber auch durch das Vorhandensein von Behörden und Organisationen ausdrückt, wäre das Einkaufszentrum *Berliner Freiheit* in der Bremer Vahr. (ebd., S. 126f.)

In der fortschreitenden Individualisierung sieht Herlyn den fünften Faktor des Wandels. Ein stetig voranschreitender Grenzübertritt zwischen Öffentlichkeit und Privatheit sowie der Verlust „traditioneller Handlungsleitender Normen" – einhergehend mit dem Verlust öffentlicher Verantwortung – führen zu einer Individualisierung, die in gewisser Weise einem Egoismus gleicht. Das Individuum sieht sich selbst als Zentrum seines eigenen Weltbildes und handelt dementsprechend. Dies drückt sich im Rebellentum von Jugendgruppen aus, die durch das Hören lauter Musik oder die Verwendung von vulgärer Umgangssprache auf öffentlichen Plätzen auffallen. Der Individualisierungsprozess kann auch zum Verlust von Zivilcourage und der Nichtbeachtung ziviler Normen führen. Dies ist jedoch kein Phänomen, was ausschließlich auf die Jugend zu beziehen ist. Auch Erwachsene gleichen sich diesem Schema an, sei es durch das Drängeln an Bahnsteigen oder das mutwillige unberechtigte Parken auf Behinderten-, Mutter-Kind- oder Frauenparkplätzen, der Bequemlichkeit halber. (ebd., S. 127f.)

6. Fazit

Es ist ein deutlicher Trend zur Entstehung halb-öffentlicher Räume zu erkennen. Klammert man die grundlegende Fragestellung nach der Existenz reiner öffentlicher Räume – die ohne privaten Einfluss bestehen – aus, ist festzustellen, dass die Privatisierung immer weiter voranschreitet. Dennoch ist das Vorhandensein öffentlichen Raumes auch – und insbesondere – heute noch äußerst wichtig. Er dient – u.a. in Form von Grünanlagen und Plätzen – als Rückzugsraum und ist demnach auch heute noch als das *„Grundgesetz der Stadt"* (Sieverts, 1996, S.162) zu begreifen, was einen Beleg für die Aktualität der Theorie Bahrdts darstellt.

Die Beurteilung des Wandels liegt im Auge des Betrachters. Je nachdem, wie stark private Akteure in der öffentlichen Sphäre Einfluss nehmen und wie stark eben diese Präsenz zutage tritt, werden aus öffentlichen Bereichen der Stadt exklusive Zonen, die einer bestimmten Klientel vorbehalten sind.

Als einschneidenstes Element ist der Sicherheitsgedanke zu werten. Dennoch stellt sich die Frage, ob die städtebauliche Tendenz, öffentliche Orte übersichtlich und demnach leicht überwachbar zu gestalten, negativ zu werten ist. Vielmehr befriedigt diese Überwachung – wenn sie dem Individuum Raum einräumt, sich zu entfalten – den Wunsch des Städters nach Sicherheit, was als Grundgedanke und Basiselement der Stadt zu sehen ist.

Unbestreitbar ist, dass ein Wandel des öffentlichen Raumes stattfindet. Dieser sollte jedoch als Phase der gesellschaftlichen Weiterentwicklung angesehen werden und nicht etwa als Verfall des öffentlichen Raums.

7. Literaturverzeichnis

Bahrdt, Hans Paul (1961)   *„Die moderne Großstadt - soziologische Überlegungen zum Städtebau"*, Reinbek

Häussermann H./Siebel W. (2004) *„Stadtsoziologie – Eine Einführung"*, Frankfurt/Main

Herlyn, Ulfert (2004)   *„Zum Bedeutungswandel der öffentlichen Sphäre – Anmerkungen zur Urbanitätstheorie von H.P.Bahrdt"*, IN: Siebel, Walter (Hrsg.), *„Die europäische Stadt"*, Frankfurt/Main

Selle, Klaus, (2002)   *„Öffentliche Räume: Drei Annäherungen an ein Thema"*, IN: ders. (Hrsg.), *„Was ist los mit den öffentlichen Räumen"*, Dortmund

Selle, Klaus (2004)   *„Öffentliche Räume in der europäischen Stadt – Verfall und Ende oder Wandel und Belebung? Reden und Gegenreden"*, IN: Siebel, Walter (Hrsg.), *„Die europäische Stadt"*, Frankfurt/Main

Selle, Klaus (2006)   *„Hybride Räume"*, IN: Urban Design 1. Standpunkte und Projekte (edition Garten + Landschaft). München. S. 19–24

Klaus Selle (2007a)   *„In Spannungsfeldern?"*, IN: Lehrstuhl für Planungstheorie und Stadtentwicklung RWTH Aachen (Hrsg.), *„STARS – Stadträume in Spannungsfeldern, Erstausgabe"*, Aachen, S. 2-9

Klaus Selle (2007b) „*Von der Theorie zur Praxis – Fallstudien in Hannover und Aachen*", IN: Lehrstuhl für Planungstheorie und Stadtentwicklung RWTH Aachen (Hrsg.), „*STARS – Stadträume in Spannungsfeldern, Erstausgabe*", Aachen, S. 9-17

Siebel, W./Wehrheim, J. (2003) „Öffentlichkeit und Privatheit in der überwachten Stadt", In: DISP 153,

(http://www.nsl.ethz.ch/index.php/de)

Siebel, Walter (2006) „*Zum Wandel des öffentlichen Raums – Das Beispiel Shopping. Mall*", IN: von Saldern, Adelheid (Hrsg.), „*Stadt und Kommunikation in bundesrepublikanischen Umbruchszeiten*", Stuttgart

Siebel, Walter (2007) „Vom Wandel des öffentlichen Raumes", IN: Wehrheim, Jan (Hrsg.), „Shopping Malls – Interdisziplinäre Betrachtung eines neuen Raumtyps", Wiesbaden

Sieverts, Thomas (1996) „*Die Gestaltung des öffentlichen Raumes*", IN: Sozialdemokratische Gemeinschaft für Kommunalpolitik in der Bundesrepublik Deutschland, Klein, Peter (Hrsg.) „*Die Stadt - Ort der Gegensätze: eine Dokumentation der Bundes-SGK Sozialdemokratische Gemeinschaft für Kommunalpolitik in der Bundesrepublik Deutschland e. V.*", Bonn